L'EUROPE

CIVILISÉE PAR

LE CHRISTIANISME,

FUNESTES EFFETS DE

LA DOCTRINE CONTRAIRE;

PAR M. MION,

ANCIEN CULTIVATEUR FRANC-COMTOIS.

Troisième édition, revue et augmentée, en 1839 et 1840.
Première édition en 1836; deuxième édition en 1837.

Prix : 2 fr. pour les riches

Et gratis pour les pauvres.

PARIS,

CHEZ L'AUTEUR,

52, RUE DU CHERCHE-MIDI.

1840.

NOTICE PRÉLIMINAIRE.

Si cet ouvrage était mal accueilli de mes-lecteurs, ce serait une preuve que la fin du monde moral est arrivée : à tout hasard, qui que vous soyez, lisez-moi si vous aimez la vérité; je n'appartiens à aucun parti politique, je m'appartiens à moi et au principe sans lequel tout est et sera catastrophe, folie et misère pour les peuples qui se laissent étourdir, comme nous le voyons depuis cinquante ans, par les ambitieux qui se sont tour à tour enrichis des sueurs et du sang de leurs dupes. Ancien cultivateur désintéressé, observateur assidu de la conduite des méchants et du désenchantement de la multitude qui a donné dans le piége calamiteux qui la dévore, je ne veux que laisser mon avis à mes compatriotes et faire mon paquet pour l'autre monde !

Lisez-moi jusqu'à la fin si le commencement ne vous va pas, et au bout du compte vous serez content de moi, j'en suis sûr, si vous êtes impartial: il y a du sel pour tout le monde.

Vous ne trouverez encore ici qu'une leçon contre les erreurs commises à peu près par toutes les classes de la société; cette leçon est un avis préliminaire du remède au mal que j'aurai l'honneur d'offrir à mes lecteurs, si Dieu me laisse encore quelque temps d'existence : je ne suis pas un charlatan. je ne gagne rien, tout est gratis chez moi pour le pauvre, et je suis pauvre moi-même.

L'EUROPE
CIVILISÉE PAR LE CHRISTIANISME.

1836.

L'union fait la force, et le mensonge nous désunit.

L'apostasie nous humilie et nous déshonore pendant que le charlatan pompe notre argent.

————◆◇◆————

Pour point de départ, passons en Orient.

Quand on considère que l'Asie, la plus grande et la plus peuplée, la plus belle en quelque sorte, et l'une des plus fertiles de toutes les parties du monde, possédait, à un degré fort avancé, les sciences et les arts, pendant que l'Europe était déserte ou peuplée de brutes et de sauvages idolâtres, et que l'on s'arrête sur l'état de barbarie et d'ineptie dans lequel sont tombés les habitants de la terre sur laquelle a été créé le premier des hommes, et qui a vu naître le Sauveur du monde, *par ces habitants méconnu,* il reste impossible à tout homme de bonne foi de refuser au christianisme l'honneur d'avoir civilisé l'Europe! Oui, tout homme réfléchi et de bonne foi dira avec nous que le seul flambeau capable d'éclairer les peuples, c'est le christianisme. Il n'y a plus en France que le *Constitutionnel* et ses amis qui osent se permettre de soutenir le contraire; mais l'évidence, dégagée de l'enveloppe artificielle des ennemis de la vérité, parle plus haut, pour ceux qui veulent en=

tendre, que toutes les phrases et l'éloquence du *Constitutionnel*. Où sont actuellement les peuples civilisés en l'absence du christianisme? Les trouverez-vous en Asie, dans ce beau pays qui fut le berceau de l'humanité, et favorisé d'abord par le créateur de l'univers? Les trouverez-vous en Afrique? Encore bien moins. Et dans les contrées d'Amérique, où le christianisme n'a pas encore pu pénétrer? Pas davantage. En un mot, rendez-vous un compte fidèle de la civilisation existante et fondée en l'absence de ce dogme divin, et répondez si vous le pouvez, MM. les philosophes, qui faites une guerre à mort au culte catholique, à ce même culte auquel vous devez la science d'avoir su vous armer contre lui, dans le but, bien entendu, de l'affaiblir d'abord, pour ensuite avoir plus de facilité à le détruire entièrement dans l'idée des peuples qu'il entre dans votre dessein de subjuguer.

Vous aurez beau chercher, vous ne trouverez nulle part la civilisation que là où le christianisme est allé la cultiver, *souvent en arrosant et fécondant du sang des martyrs* le sol sur lequel il est parvenu à triompher de l'hérésie! Néanmoins, je frémis à la seule pensée de votre but, et au souvenir de votre savoir-faire; et, pour ne pas mentir, il me semble voir vos préparatifs d'un siècle, réunis aux mœurs britanniques, pour nous faire retomber dans l'état barbaresque où nous étions lorsque nous adorions des faux dieux : 1793, avec ses régicides, ses tribunaux et échafauds révolutionnaires, avec ses noyades et ses assommeurs du *Temple* et autres lieux, en a donné à l'univers la preuve la plus authentique; et cette authenticité, nul ne peut la contester; car s'il fallait une nouvelle preuve des déchirements provoqués par votre doctrine anti-sociale, anti-religieuse, 1830 et tous les forcenés inspirés par le souffle de l'insubordination, qui, selon vous, est *le premier des devoirs*, sont encore présents à notre mémoire pour attester que *Fieschi*, *Alibaud* et compagnie, sont autant d'enfants de votre école, qui témoignent en faveur de mon assertion. *Lacenaire*, *Avril* et autres meurtriers semblables, y compris cette multitude de voleurs, de filous et d'escrocs en tous genres, sans compter cette maladie du suicide et du duel qui afflige l'humanité, sont, à mon avis, autant d'énergumènes sortant de ces écoles qui apprirent au peuple à briser les liens de l'autorité paternelle, *des autorités spirituelle et temporelle.*

L'Angleterre a précédé la France dans cet infernal progrès, et c'est à son exemple comme à son intrigue que nous devons toutes les catastrophes que nous avons à déplorer depuis bientôt cinquante ans. Elle a, la première, secoué le joug de l'autorité spirituelle, et donné à l'univers l'exemple du régicide. Et je doute, néanmoins, qu'elle se soit aperçue de l'abîme qu'elle a creusé sous les fondements de son empire en communiquant à ses voisins la politique immorale dont elle a su se servir pour affaiblir et faire tomber, s'il lui eût été possible, toutes les puissances qui portent ombrage à son commerce. Mais ce qu'il y a de certain, c'est que la *secousse* donnée à l'édifice social par l'assassinat exercé sur l'auguste personne du bon et infortuné Louis XVI a été si terrible en Europe, qu'aucune des parties de son architecture n'a pu encore reprendre son aplomb naturel. L'équilibre qu'il parut avoir repris en 1815 ne fut qu'une restauration vicieuse qui le remit sur la pente chancelante et périlleuse où il s'était trouvé déjà placé de 1788 à 1793 : la comédie de quinze ans et les événements de 1830 ont parlé assez haut pour en convaincre tout ce qu'il peut y avoir de plus incrédule et de plus borné en politique. Une nouvelle secousse plus ou moins terrible, à mon avis, est inévitable, soit pour mettre chaque chose à sa place, soit enfin pour faire crouler le reste de l'édifice social. Et si l'énormité du poids de cette dernière et future secousse venait à tomber sur les provocateurs de la première, ce serait alors, *mais seulement alors*, que la France et l'Europe seraient délivrées de toutes les calamités qui les accablent!

. Ce serait alors aussi que le peuple anglais commencerait à jouir des douceurs de la franchise que lui prépare la chute des charlatans qui ont jusqu'ici abusé de sa crédulité pour lui faire payer les frais de toutes les guerres par eux entretenues, et si injustement provoquées. Cette chute entraînerait ce gouvernement à la banqueroute, en vertu de laquelle les lords qu'elle atteindrait en grand nombre se verraient forcés de mettre moins de luxe dans leurs équipages, et quelques plats de moins sur leurs tables, en même temps qu'elle préparerait aux classes ouvrières la faculté de manger un peu plus de pain, et de boire quelques verres de vin en compensation de leurs travaux journaliers.

Quant aux masses populaires en France, il ne faut que savoir actuellement les apprécier et leur rendre justice pour leur faire comprendre leurs devoirs : quelqu'un qui, pour sonder leurs sentiments, a jugé à propos, depuis cinq ans, de fréquenter souvent, et *incognito*, les lieux où se rencontre habituellement cette classe d'hommes travailleurs, soit pour prendre leurs repas, soit pour se récréer autour de ce litre de vin, qui semble adoucir leurs peines actuelles en parlant de celles passées et du désenchantement qu'ils éprouvent depuis les glorieuses journées de juillet 1830; cette démarche, souvent réitérée par ce quelqu'un dont il vient d'être parlé, lui a fait remarquer des traits sublimes d'humanité de la part de ces malheureux, qu'il est bon de livrer à la publicité ; car, *il faut être juste à l'égard du pauvre comme à l'égard du riche :* ici mon but est de désabuser non-seulement les classes médiocres de la société, mais encore de prouver à celles les plus élevées, que l'humanité et la bonne foi existent dans le cœur du pauvre comme dans celui du riche.

Il n'est pas rare de voir ces hommes dont il vient d'être parlé, se partager de bon cœur le morceau de pain qui reste à l'un d'eux, avec celui que le défaut d'ouvrage, de santé ou de bonne conduite pourrait avoir placé dans le dénûment. On voit celui qui a tant soit peu d'argent, payer du vin à celui qui en manque, et lui offrir, toujours de gaîté de cœur, de venir partager le produit de son travail jusqu'à ce qu'il soit placé. On les entend même se récrier, en buvant leur litre de vin, contre les assassinats et les vols qui se multiplient chaque jour davantage : on les voit vainement chercher la cause de ce fléau ; ils ne la découvrent que lorsque quelqu'un se hasarde à leur faire remarquer que l'oubli de la religion de nos pères est la source principale, pour ne pas dire l'unique, de tous les crimes qui désolent la société actuelle.

Voyez-les, ces bons ouvriers, ces membres si intéressants de la société, ces hommes qui, par leurs travaux champêtres, sont, à l'aide de la Providence, les pères nourriciers de la société sans exception, et qui, par leur science domestique, bâtissent des maisons, des villes, des bourgs et des palais enrichis de meubles rares et communs, et de tout ce dont l'humanité peut avoir besoin, tant en luxe que pour les diverses nécessités de l'homme social — de l'homme de bien de tous les rangs — et même de l'homme pervers ; — encore une fois, voyez-les, ces hommes travailleurs, qu'on a si souvent et si cruellement trompés pour les démoraliser, dans le but de s'en servir pour culbuter l'ordre de fond en comble ; — voyez-les rencontrer un char funèbre — modeste ou pompeux : pas un de ces braves ne manque de se découvrir respectueusement à sa rencontre ; l'homme de bien les imite et les admire, pendant que les ambitieux qu'ils ont placés au pouvoir les méprisent et les détestent ! Quel malheur pour la société en général, que tant de ses membres se soient laissés séduire par ces mêmes ambitieux qui nous dévorent : le respect par eux porté aux corbillards funèbres prouve, jusqu'au-delà de l'évidence, tout ce que ces bonnes gens sauraient faire en l'honneur de la Divinité, qui ne peut manquer de les prendre en pitié, si les monstres qui les persécutent en ruinant la bienveillante société ne leur avaient rendu *douteuse* l'existence du Dieu de paix, qui se propose, *selon Nostradamus*, de nous délivrer de toutes les calamités que ces misérables ambitieux ont attirées sur la France affligée depuis plus de cinquante ans qu'ils nous *aveuglent* en nous faisant voir la fumée de leur tourbe embrasée, qu'ils nous donnent pour des lumières.

Si, il y a vingt, trente, quarante, cinquante ans, les écoles de la doctrine chrétienne eussent été recherchées, multipliées et fréquentées comme aujourd'hui, les ignorants seraient moins communs *dans ce siècle d'aveuglement et de perversité*, que la philosophie moderne nous donne pour un siècle de lumière, *depuis plus de cent ans qu'elle s'efforce de mentir, dans le but de s'approprier toutes les fortunes qu'elle a su s'adjuger après s'être saisie du pouvoir royal et de l'instruction publique, partout où elle n'a pu l'anéantir entièrement.*

N'a-t-on pas dit et répété partout, à tous ceux qui

ont voulu comme à ceux qui n'auraient pas voulu l'entendre, que le clergé était trop riche en France avant notre première révolution? Oui, cela a été dit et répété sérieusement dans le but, bien entendu, de consommer la ruine de l'Eglise, et, par ce moyen, d'ôter la faculté, aux ministres du culte catholique, de soulager le peuple, que la philosophie voulait *armer* contre tout ce qui pouvait contrarier son ambition. Les Jésuites furent d'abord expulsés de France, parce qu'ils apprenaient à leurs élèves à connaître et à aimer Dieu et la religion, qui étayait le trône de nos rois ; et, vingt-sept ans plus tard, les propriétés de l'Eglise, que de pieux défunts lui avaient léguées tant pour des prières annuelles et perpétuelles que, pour adoucir la misère des pauvres, furent livrées aux enchères de ces cannibales révolutionnaires qui surent s'en adjuger la plus large et la meilleure partie.

Bonnes gens, qui avez cru au langage mensonger de ces spoliateurs effrontés, réfléchissez un peu sur ce que vous avez gagné à la ruine de l'Eglise et à l'anéantissement des corporations religieuses ? Si vos pères vivaient encore, ils vous diraient que les fermiers des propriétés dont il vient d'être parlé étaient heureux, et faisaient des heureux de tous ceux qu'ils pouvaient occuper à la culture de leurs fermes, et ils ajouteraient à ce récit que la modicité de la rente exigée des fermiers mettait ceux-ci en position de rendre des services à ceux de leurs voisins et connaissances qui pouvaient en avoir besoin.

Quant à la modique rente que recevait le clergé à cette époque *où il ne prenait aucune part au budget*, ces messieurs en vivaient d'abord, ils en étaient les usufruitiers; mais vos pères vous diraient aussi, s'ils étaient là avec moi, que toutes les maisons religieuses de ce bon temps étaient autant de greniers et de trésors pour les pauvres! Jamais un honnête père de famille ne sollicita en vain les secours de ces pieuses maisons. Ces messieurs savaient que le soleil de Dieu luisait et vivifiait la terre *mère nourricière* de tous ses enfants, et ils voulaient que tout le monde dînât en travaillant.

Pour juger de la perte éprouvée par le peuple, à l'égard de la spoliation des biens de l'Eglise, vous ne sauriez mieux faire que de solliciter un service du premier venu de tous ceux qui se les sont adjugés? Si vous avez des propriétés foncières, il vous prêtera sur hypothèque *le tiers* ou *le quart* de leur valeur, avec l'arrière-pensée de vous faire exproprier à l'échéance de l'obligation que vous lui aurez souscrite, et dans laquelle il n'aura pas manqué de faire cumuler au capital l'intérêt usuraire qu'il aura exigé de vous; mais, ne vous avisez pas de solliciter le moindre secours de cet homme, si vous n'avez que de la probité et de l'honneur à lui offrir pour garantie : cet homme ne connaît pas plus l'une que l'autre de ces deux qualités morales; vous serez mal reçu de lui... et bien heureux si vous n'êtes pas mordu par son *dogue,* qui seul sera chargé de vous reconduire hors de sa maison. Voilà en peu de mots toute l'étendue de la charité et de l'humanité qui règne dans le cœur de ces messieurs, qui ont dévalisé la mère des pauvres! Demandez-moi, après cela, pourquoi ils détestent les ministres de l'Eglise? Je vous demanderai à mon tour pourquoi celui qui a mérité la potence tremble-t-il toutes les fois qu'il aperçoit une corde? Voilà de dures vérités, bonnes gens qui avez été si cruellement trompés ; mais enfin, c'est la vérité pure ; saurez-vous l'apprécier ?

Si de la spoliation des biens de l'Eglise on arrive à celle qui a dépouillé la noblesse de son ancien avoir au profit de nos mêmes distributeurs de lumières anglaises, le résultat de cette dernière n'en sera pas reconnu moins funeste aux masses populaires ; la ruine des châteaux, comme celle des monastères et des presbytères, n'a servi qu'à anéantir les ressources de la multitude au profit de cette tourbe de nouveaux riches qui, à quelques exceptions près, ne donneraient pas un morceau de pain pour sauver la vie aux malheureux de toute une paroisse, et qui sont sans pitié pour le fermier qui éprouve des pertes, comme pour les ouvriers d'états divers qui éprouvent des besoins par suite de maladies ou par toute autre cause quelconque.

Je déplore bien sincèrement l'erreur dans laquelle tombèrent certains membres de la haute aristocratie, en réunissant leurs suffrages à celui du prince qui, en 1788 et années suivantes, servait d'instrument à l'Angleterre pour renverser le trop bon et infortuné Louis XVI ; mais je n'en regrette pas moins la vente des propriétés de cette ancienne noblesse, attendu que, indépendamment des moyens de sagesse qui auraient pu et même dû être employés pour ramener à la raison ceux qui s'étaient fourvoyés, il fallait se souvenir que bon nombre parmi eux avaient rendu de grands services à la France, et que tous n'étaient pas coupables : mais tel n'était pas le but des ambitieux : leur raison était de tout prendre pour eux, et de laisser le reste aux autres.

Voyez maintenant, braves gens à qui l'on a fait chanter le Ça-ira, avec promesse de liberté, de fraternité et d'égalité... ou la mort !... voyez, si vous n'êtes pas morts, la belle liberté qu'on vous a donnée ? Voyez comme vous êtes les égaux de ceux qui vous ont fait verser votre sang pour consommer la ruine des maisons *maternelles* dont il vient d'être parlé ? Voyez en un mot comme ils fraternisent avec vous depuis que vous les avez mis en possession de toutes ces brillantes fortunes qu'ils disaient vous appartenir, et vouloir les partager avec vous? Si par hasard il vous prenait envie d'aller chez ces gens-là pour fraterniser, je vous conseille de vous méfier de leur dogue....

C'est ici que peut être justement appréciée la réflexion que fit un vieillard *Franc-Comtois* à quelques-uns de ses amis, en 1790 : « On va ruiner la » noblesse et le clergé pour enrichir des gueux qui » feront mourir de faim le pauvre monde. »

Voyez, lecteurs, voyez, s'il vous plaît, toutes les belles promesses qu'on vous fait depuis un demi-siècle, et voyez ce qu'il vous en est revenu jusqu'ici? Mettez le tout en regard de mes réflexions, et jugez vous-même de quel côté se trouve la vérité? Ouvrez les yeux pour voir juste cette fois, et je parie que vous allez convenir et affirmer avec moi, qu'au lieu de nous venir de *Londres* et *du Palais-Royal*, la lumière nous vient du ciel! Oui, la véritable lumière nous vient du ciel, et elle ne peut nous venir d'ailleurs. Vainement l'impiété, *dans le but de valider son incrédulité*, viendra-t-elle nous opposer, comme de coutume, l'absolutisme de l'Eglise romaine, et nous adresser ses sarcasmes habituels contre le clergé catholique, en nous citant quelques mauvais prêtres qui se sont trouvés çà et là comme *Judas-Iscariote* se trouva parmi les apôtres du Sauveur du monde. Tout ce vain raisonnement restera éternellement impuissant sur les mœurs d'hommes éclairés et de bonne foi : il n'y a qu'un Dieu, il ne peut y avoir qu'une lumière, et cette lumière, c'est la vérité! Oui, sans doute, il y a des mauvais prêtres : Luther, Calvin, l'abbé Châtel et compagnie nous en ont donné la preuve en *semant la division* dans l'esprit des peuples, que l'Evangile apostolique avait réunis sous cette même foi qui anime la charité et la fraternité de ceux qui la professent réellement.

Quels malheurs l'enfer n'a-t-il pas vomis et ne vomit-il pas encore sur la terre par l'organe de l'apostasie, que certains novateurs osent encore nous vanter? Les exploits de la superbe Angleterre sont encore présents aux yeux de l'Europe pour répondre à cet importante question : indépendamment du sang humain qu'elle a fait répandre sur toute la surface du continent, depuis qu'elle cajole tour-à-tour les cabinets dont elle peut avoir besoin, et de celui qu'elle fait couler encore présentement en Espagne... ne la voyons-nous pas, ou tout au moins ne l'avons-nous pas vue tout récemment protéger une armée de Barbares commandée par Abd-el-Kader, contre des hommes civilisés! contre des chrétiens, *soldats de son allié le plus intime* Louis-Philippe Ier? Dites après cela que l'Angleterre est le foyer de la civilisation et la source d'où nous viennent les lumières ; ce raisonnement, dans un temps où le calme et la raison présideraient dans l'esprit public, vous rendrait digne de Charenton ou de Bicêtre.

Je ne vois dans cette sorte de civilisation lumineuse qu'une politesse accidentelle cousue de tout ce qu'il peut y avoir au monde de plus raffiné en hypocrite fourberie et en infernale perfidie.

Pour terminer les réflexions qui sont l'objet de ce chapitre, je prédis au cabinet britannique et à ses adeptes que la fin du règne de leur puissance dévastatrice approche de son terme : le mensonge ne saurait prévaloir toujours sur la vérité, celle-ci est éternelle comme Dieu qui en est la source : le mensonge, au contraire, ne peut avoir qu'un temps limité ; et, dès le moment qu'il se permet de passer les bornes de l'impudence, l'édifice sur lequel il repose est à la veille de crouler. Le mensonge peut être accrédité dans l'esprit public aussi long-temps

qu'une fausse pièce de monnaie peut rouler de bourse
en bourse pour du bon argent. Cette pièce peut passer long-temps pour du vrai, si elle est bien plaquée;
mais enfin, le placage finit toujours par s'user tôt
ou tard, et la pièce fausse perd sa valeur apparente,
comme fait aujourd'hui le machiavélisme du cabinet
de Londres, dont la politique et les finances sont
énervées par l'abus qu'il en a fait en trompant toutes les nations de l'univers, et par la perte de la confiance des peuples qui sont encore sous le joug de sa
tyrannie.

Je n'hésite donc pas à me prononcer sur une con-
viction aussi naturelle et aussi logique ; il me semble
voir la chute prochaine de l'empire britannique
marquée par le doigt de Dieu. Et, comme par enchantement, les peuples subjugués par sa puissance,
battre des mains et verser des larmes de joie, en
même temps qu'ils adresseront au ciel des hymnes
de reconnaissance et de remercîment. Et alors nous
serons dispensé de répondre à nos interlocuteurs sur
l'absolutisme de l'Eglise catholique ; ils sauront
comme nous qu'il n'y a de vraie lumière que celle
qui émane de Dieu, et que la vérité n'est absolue
que parce qu'elle ne peut être modifiée sans être en
même temps travestie en un mensonge flagrant ; la
vérité est un substantif qui ne peut absolument s'al-
lier *qu'avec les choses divines ;* voilà pourquoi les
ennemis de la religion catholique, *qui en est inséparable,* s'efforcent de la faire paraître ridicule aux
yeux de la multitude, sous prétexte qu'elle est absolue, et cela, avec la précaution de bien cacher à cette
multitude, que toutes les libertés possibles appar-
tiennent au domaine apostolique, surtout lorsqu'il
se trouve totalement dégagé du joug tyrannique de
l'Angleterre. Voyez si, avec son système de liberté
écrite sur le papier, le gouvernement britannique a

jamais su faire autre chose que des esclaves des peuples qui ont eu le malheur de tomber sous sa puissance ? Voyez l'Irlande, par exemple, voyez tout ce qui n'est pas lord en ce pays, et, de bonne foi, jugez de quel côté se trouve la raison ? Le culte catholique, comme on le sait, n'est autre chose, *au fond*, que la mission des apôtres du Sauveur du monde qui se continue, dans le but de civiliser tous les enfants de la terre, et, par ce moyen, les rendre dignes du ciel en leur apprenant à s'aimer et à s'entr'aider comme des bons frères ; à se pardonnér mutuellement leurs fautes, et à les cacher au besoin plutôt que de se calomnier ; d'être justes les uns envers les autres ; en un mot, de faire en tout et partout à autrui ce que nous voudrions qu'on fît pour nous-mêmes ! Il me semble que vouloir ridiculiser une aussi sainte doctrine en se séparant de son chef visible dans le but de l'anéantir, c'est vouloir heurter la volonté suprême et semer la division parmi les peuples, parmi les nations, et parmi les familles ; c'est vouloir nous ramener à l'état de barbarie où nous étions avant que le christianisme soit venu verser le sang de ses martyrs pour nous délivrer de l'esclavage, de l'ignorance dans laquelle croupissent encore les peuples africains et la presque totalité des asiatiques, etc. ; c'est vouloir sacrifier la société sans exception pour faire *parler de soi*, pour satisfaire son orgueil et s'emparer d'un pouvoir qui ne peut, *d'après cette infernale maxime*, que régner sur des esclaves que le désordre et le dégoût de la vie, l'oubli du devoir et des choses les plus sacrées ne peuvent que ramener à l'état servile ou sauvage de la brute.

Encore quelques mots :

Hors d'icelle, il n'y a point de salut !...

Soit que ces quelques mots aient été mal compris, ou qu'on ait voulu les tourner en ridicule, il n'en est

pas moins vrai qu'ils peuvent être, selon la saine logique, appliqués à celui qui est né et élevé dans la religion catholique, et qui se fait *renégat*. Et. . . . .
. . . . en admettant qu'il soit des accommodements avec le ciel pour le juste d'une secte étrangère, hors d'icelle, il n'y aura jamais de salut, sur cette terre, où nous ne sommes qu'en passant et pour souffrir faute de cette *harmonie*, de cet *accord* que le Christ est venu nous enseigner par son Evangile!.... Et Bonaparte le comprit très-bien lorsqu'il fit rouvrir les églises fermées pendant dix années; nul ne l'ignore. Ce fut cette œuvre qui fit sa force! Ce fut par là qu'il arriva à une réconciliation générale ; et si à cette œuvre de justice il en eût ajouté une autre, la page que lui grave le burin de l'histoire impartiale serait infiniment plus brillante, et d'un tout autre éclat, que tout ce qui a été dit en son honneur : il serait encore vivant—ou mort généralissime, grand connétable du roi de France, — et Dieu sait ce que l'Europe et la France en particulier y gagneraient ! Donc, hors d'icelle il n'y a que guerre d'esprit, désordre, anarchie, déchirement, fer et feu parmi les peuples, et, par conséquent, point de salut.

— 1837.

SUPPLÉMENT
ET CONCLUSION :

JÉSUS-CHRIST EST-IL DIEU?

ROME EST-ELLE LE SIÉGE SUPRÊME DE SON ÉGLISE?

QUELLE EST L'IMPORTANCE DU SOUVERAIN PONTIFE?

PAR P.-F. MION [1].

Paris, 22 août 1837.

> Devons-nous nous étonner de la perver-
> sité des mœurs de notre époque quand on
> voit le talent le plus erronné l'emporter sur
> la vérité mise à la portée de toutes les intel-
> ligences? (Voir la *France* d'hier 21 août,
> M. Henri de Bonald, dernier alinéa de son
> article intitulé : *Jugement d'un écrivain
> illustre.* Voir aussi la *France* du 4 août :
> *Appel aux amis des vraies croyances)* (2).

Un pas en Turquie : Les Turcs tant soit peu
éclairés, en dépit de la barbarie inséparable de leur
croyance mahométane, et par le seul fait d'un peu
de gros bon sens, sont plus raisonnables que nos
réformistes chrétiens, qui n'accordent à N. S. Jésus-
Christ que le titre d'homme d'esprit : les Turcs,
dis-je, le reconnaissent au moins pour un prophète !

---

(1) Paris, 4 août 1837.
(2) Si cet appel eût été autre chose qu'un vain mot, ce supplé-
ment aurait été accueilli comme article dans la *France* et il ne se
trouverait pas ici. *Beaucoup d'appelés et peu d'élus.*

2

J'ai connu un libéral, néanmoins, et un réformiste qui tous deux poussèrent leur générosité jusqu'à avouer, de leur propre mouvement, qu'il était le premier législateur du monde ! *Sans doute parce qu'il était à leur connaissance que toutes les lois sur lesquelles notre jurisprudence légale repose ont été puisées dans son Évangile et dans sa doctrine en général !* Mais Voltaire ! Voltaire, l'ennemi juré de cette doctrine et de tout ce qui avait trait au sacerdoce, Voltaire lui-même, ce grand philosophe de l'impiété, est implicitement convenu que Jésus-Christ était Dieu, en disant que, s'il ne l'était pas, il était digne de l'être, parce que, dit-il, *ses œuvres sont au-dessus de toutes forces humaines.* Donc, ces œuvres étaient divines ! Jésus-Christ était donc Dieu ? Voltaire, poussé par la force d'une logique supérieure à son mauvais vouloir, en est convenu, et je le constate.

Oui ; Jésus-Christ était Dieu et homme en même temps, et, voulant cesser d'être visible sur la terre, il fonda son Église sur l'apôtre saint Pierre, son premier ministre, et il lui dit : *Ce que vous lierez sera lié, et ce que vous délierez sera délié.*

Il tombe sous le bon sens qu'en prononçant ces paroles, le Sauveur du monde voulait réunir tous les enfants de la terre en une seule et même famille, pour les mettre d'accord sous le patronage d'un chef visible, *le représentant comme un père au milieu de ses enfants.* Il résulte de cette latitude donnée par le Christ à son premier ministre que seul celui-ci aurait le droit de modifier, s'il y avait lieu, les dispositions canoniques dont il est l'unique dépositaire et le principal dispensateur, sans que personne au monde, pas même tous les monarques réunis, puissent lui imposer rien à ce sujet ; ceux-ci sont souverains temporels d'une portion plus ou moins étendue du globe — *par la grâce de Dieu* — et leurs sujets leur doivent soumission, honneur et respect, mais le saint Père est le seul souverain spirituel au monde auquel les rois de la terre doivent obéir en ce qui concerne son divin ministère, sous peine d'excommunication ! Ainsi donc, d'après les paroles du Christ même, toute secte détachée de Rome sous prétexte de se rapprocher de l'Église primitive est une erreur, un objet de discorde, de division perpétuelle, de guerre civile, et la cause de toutes les misères qui désolent le monde civilisé.

On sait aussi que le siége de l'Église catholique fut établi à Rome par son divin fondateur, et que c'est là, et non ailleurs, où le clergé de toutes les parties du monde devait venir puiser les instructions à répandre parmi les peuples, sous peine d'excommunication ; car la saine logique exige que tout bon chrétien obéisse à la loi du Christ.

Ce que vous lierez sera lié, et ce que vous délierez sera délié.

N'est-ce pas assez dire que vouloir passer outre, c'est formellement vouloir ce que Dieu défend ? N'est-ce pas semer le désordre dans le champ du Seigneur, pour y étouffer le germe du bonheur de tous ? N'est-ce pas arrêter la civilisation dans sa course, et vouloir l'opprimer à sa source ? Ne sont-ce pas les schismes, que d'infâmes et orgueilleux sectaires ont apportés dans l'Eglise, qui font couler le sang humain sur toutes les parties continentales de l'Europe, depuis Luther et Calvin jusqu'à ce jour ? Que veulent les révolutionnaires de tous les pays, depuis que, de concert avec le cabinet britannique, le prince *Égalité* se mit à leur tête pour renverser l'autel de la Divinité et le trône de saint Louis ? Ces gens-là ne veulent ni plus ni moins que ce que voulaient Luther et Calvin : détruire l'autorité spirituelle et temporelle, afin de pouvoir exploiter tout à leur aise la crédulité des peuples et en faire leur profit, — comme cela s'est vu, et se voit encore, — sans compensation aucune en faveur de la multitude, que de vaines promesses de liberté, qui toujours se métamorphosent en ruine, captivité et misère !!!

Ouvrez donc les yeux, bonnes gens, et dites moi donc ce que vous voyez de si bon et de si beau dans toutes ces religions de nouvelle fabrique, qui vous aveuglent, qui ne se trouvent pas dans l'Évangile apostolique, que vous critiquez sans le connaître... Vos dogmatiseurs n'ont-ils pas choisi dans la religion établie par Jésus-Christ tout ce qui ne gêne ou ne contrarie pas leurs passions dominantes, pour établir leurs sectes systématiques ? Qu'ont-ils avisé pour faire prévaloir les réformes qu'ils se sont donné le ton et la licence d'opérer en se séparant de la métropole ? *du saint-siége établi par le Dieu de paix créateur de l'univers ?* Rien, absolument rien que de la calomnie. La confession, selon ces messieurs, est un monstre d'absurdité inventé pour connaître les secrets des familles ; mais l'homme éclairé et de bonne foi ne doit avoir recours qu'à son savoir pour faire justice de ce double déraisonnement ; faites-vous donc instruire, malheureux, avant de juger ce que vous ne connaissez pas. Et ne croyez pas, lecteurs, que je veuille le moins du monde vous envoyer à confesse ; de tout temps on a été libre sur ce sujet, et je respecte trop les consciences pour vouloir les obliger en aucune manière ; mais on peut l'affirmer néanmoins, la confession est un tribunal paternel qui absout le pénitent *sans le flétrir*, moyennant restitution, s'il y a lieu, avec promesse d'un amendement dans sa conduite future. Outre qu'elle vous réconcilie avec le divin Sauveur, la confession est

un antidote contre les actions qui conduisent trop
de personnes sur la sellette des cours d'assises, et
de là au carcan et sur les échafauds. En un mot,
c'est un tribunal bien doux que celui qui ne vous in-
flige d'autre peine que le repentir et la restitution
de ce qui ne vous appartient pas! — Quand on se
confessait, les bourreaux n'avaient presque rien à
faire. On se serait alors volontiers passé de fermer
les portes, si ce n'eût été pour se garer du froid pendant l'hiver et des insectes pendant l'été. Je m'en
souviens, moi, qui écris ces lignes; cela se pratiquait
ainsi dans mon pays, *en Franche-Comté*, quand
on se confessait! Et alors les crimes étaient fort
rares, et ils l'eussent été davantage encore si personne ne s'était avisé de négliger ce devoir im-
portant; car, il faut bien en convenir, c'est chose
très-peu commune qu'un homme de religion tra-
duit aux assises, sinon par malheur ou accident.
Répondez, si vous le pouvez, messieurs les philosophes régénérateurs de l'humanité, soit-disant!

En résumé, la confession n'est monstrueuse
qu'aux yeux des scélérats chargés de crimes, de
même que la justice, lorsque ces misérables sont
pris en flagrant délit : tout ce qui a mission de
convertir ou de punir leur paraît un monstre, un
gendarme, un *bourreau*, etc. Il n'en est pas de
même de cette multitude d'insouciants, qui, sans
être encore entièrement dépravés, croient si peu à
l'autorité de l'Église, qu'ils négligent non-seulement de se confesser, mais encore tous autres devoirs religieux, sans être pour cela de malhonnêtes
gens, et sans penser que c'est dans une semblable
froideur pour les choses saintes que tous les crimes
les plus atroces ont pris leur source; ceux-là se
contentent d'abandonner les soins de leur conscience au hasard, au lieu de lui choisir un direc-

teur éclairé pour la fortifier dans le bien, ou la lui ramener au besoin; et partant, l'éloigner de la voie qui conduit aux assises, où bon nombre de gens de bonnes familles se sont laissé entraîner, faute par eux d'avoir suivi l'exemple de leurs pères et de leurs aïeux, *qui se confessaient!* Tous les riches étaient humains, compatissants et respectueux envers l'infortune, *quand ils se confessaient !*

Il est malheureux, pour l'Église romaine et pour la société en général, qu'il s'y soit trouvé des rois assez corrompus pour donner dans le piége qui les a séparés du saint-siége, et plus malheureux encore de voir que ce sont des prêtres détachés de Rome qui ont semé cette division parmi les peuples européens; car Luther et Calvin étaient des prêtres; Talleyrand et tous les autres apostats de notre première révolution étaient des prêtres; l'abbé Chatel, Auzou, Lamennais et compagnie, sont des prêtres!!!

Un malheur non moins déplorable en ce moment, c'est qu'en outre de ces divisions et de ces subdivisions que l'on rencontre dans toutes ces religions de controverse, il existe un autre schisme en France, qui, pour être moins apparent que ceux qui précèdent, n'en est pas moins funeste à la société actuelle, et nuisible à l'harmonie qui devrait régner parmi les gens de bien : — celui-là, je l'espère, cessera d'exister sous peu, et c'est dans cet espoir que je laisse au burin de l'histoire le soin de le signaler à la postérité. Mais, en attendant, j'appelle mes lecteurs, et je leur dis :

« Soyons avec Rome, sans détours et sans hésiter, et avec la légitimité *sans concessions;* car pour la postérité, les concessions font des antécédents, et les antécédents sont des germes de guerres civiles! Donc, tout pour le droit, *rien de plus, rien de moins*. Voilà l'unique moyen d'éviter notre ruine totale et de désappointer les ambitieux qui nous dévorent depuis environ un demi-siècle; car enfin, il faut bien en convenir, si tous ces apostats étaient restés fidèles à la volonté de Dieu, fondateur de l'Église romaine (à quelques impiétés près), il n'existerait aucune division en Europe; les peuples, restés sous l'égide de l'Evangile apostolique, seraient infiniment plus faciles à gouverner, et dix mille fois plus heureux qu'ils ne le sont; aucune guerre civile ne serait venue ruiner et désoler le monde; aucune révolution ne se serait élevée pour briser les trônes et conduire les rois mourir sur l'échafaud, pour ensuite envahir l'Europe avec la torche incendiaire à la main, et porter le désastre et le désespoir sur toutes les parties du continent, qui, d'un bout à l'autre, a été arrosé du sang innocent de ses enfants.

» Que les rois de l'Europe, ainsi que le saint-siége et les prélats, y prennent garde! Et que tous les hommes de bien réunissent leurs voix à la mienne, pour leur faire comprendre que de cette union seule *dépend leur salut,* ainsi que celui des peuples commis à leur garde; ils en sont responsables devant Dieu. Et si cette responsabilité restait encore long-temps méconnue, le Ciel sait ce qu'il en adviendrait. Les nombreux avertissements que tous reçoivent par les châtiments plus ou moins périlleux, dont nous sommes les témoins et les victimes, ne doivent point encore être sortis de leur mémoire; ainsi donc,

Peuples et rois, pensez-y bien !

Je me souviens que, fatigués de cette boucherie incessante que se faisaient des jeunes gens sous le règne de Buonaparte, bon nombre de personnes, ignorant *les bienfaits de nos anciens rois,* se pri-

rent à dire que tous les rois étaient des brigands !
Je l'ai ouï dire à des soldats autrichiens faits pri-
sonniers et expirant de froid dans les plaines de la
Champagne, au mois de janvier 1814. Les soldats
français eux-mêmes ne dissimulaient pas cette épithète contre les rois, et j'ai vu des officiers, man-
geant avec moi chez le restaurateur Vallois, à la
Cour des Fontaines, près le Palais-Royal, au mois
de février de cette même année, *donner raison à
ces soldats !* Et ils ajoutaient que, si vingt-cinq ans
de guerres comme celles qui désolaient l'Europe
ne suffisaient pas pour en venir à un arrangement,
c'est que les monarques entre les mains desquels
se trouvait la destinée des peuples étaient inhabiles
à régner. Oui, j'ai été témoin de tout cela, et, sans
partager l'opinion de ceux qui prononçaient ce juge-
ment contre les rois de fait, *sans restriction pour
le droit*, je ne me dissimule pas que, si tous les
rois de l'Europe eussent été bien pénétrés de leurs
devoirs, ils se seraient trouvés d'accord pour étouffer notre révolution-mère, car à cette époque il y
avait des royalistes en France ! Et en rétablissant
l'autorité que le juste et trop bon Louis XVI avait
perdue en se confiant à des ministres indignes du
rang auquel il les avait élevés, ils se seraient épargné
cette guerre de vingt-cinq ans dont il vient d'être
parlé, et l'épithète qui s'en est suivie, et qui se re-
nouvelle sans plus de *restriction qu'en* 1814, depuis
qu'on les voit sympathiser, *de peur ou de force*,
avec les révolutions qui ruinent en ce temps de ma-
lédiction *tous les peuples commis à leur gard*.
Donc, je le répète :

Pensez-y bien ! Et j'ajoute : Les rois de l'Europe
continentale doivent se considérer comme les enfants d'une même famille; ils sont de fait et de
droit solidaires l'un pour l'autre, car, encore une

fois, lorsqu'un trône croule, tous les autres craquent!!!·

Messieurs les écrivains, qui trouvez mon nom trop obscur, et ma rédaction d'un style trop commun et trop peu relevé, si vous êtes de bonne foi, aidez-moi si j'ai raison, et si je me trompe, jugez-moi, et veuillez réfléchir un peu pourquoi tant d'écrivains qui se disent religieux et royalistes ne peuvent se mettre d'accord sur ce qu'il y a de plus clair et de plus simple au monde?... En attendant, je conclus que bon nombre de ces messieurs ne sont, rien de ce qu'ils se disent être; il n'y a qu'un Dieu, il ne peut y avoir qu'une religion vraie et *la même foi pour tous les fidèles* ; car, partout où il y a divergence d'opinions, en religion comme en politique, il y a, comme chez les apostats dont il est ici question, et comme chez les rois qui ont donné dans les travers religieux, *erreur ou mauvaise foi*, et peut-être un peu de l'un et de l'autre de ces deux monstres, que l'enfer a vomis sur la terre pour le plus grand malheur de l'humanité!

Et ces deux monstres ont pris trop d'empire depuis Luther et Calvin, depuis Voltaire et J.-J. Rousseau, depuis L.-P.-J. d'Orléans, Talleyrand et autres apostats, pour que quelques vérités pussent l'emporter sur eux ; *il faut toute la vérité pour leur écraser la tête* ; et, si vous voulez sauver le monde, cessez de mépriser les réflexions de ce vieux cultivateur franc-comtois, messieurs les endormeurs, sous la protection desquels nous avons eu la douleur de voir se briser plus de sceptres que vous ne pourrez jamais en relever avec vos quelques phrases, assez remplies de talents pour donner de l'espoir à vos dupes, mais assez lâchement faites pour n'arriver jamais au but que vous promettez à vos abonnés.

Quelques-uns de mes lecteurs trouveront peut-être cette dernière tirade un peu sévère ; mais, quand ils auront remarqué le peu d'accord qu'il y a entre des écrivains, qui ne devraient faire qu'un dans mille, négliger la partie la plus saine de ce qu'ils doivent à leurs lecteurs, pour remplir les colonnes de leurs feuilles de contestations inutiles, qui ne ressemblent à rien de mieux qu'à une querelle d'enfants, qui se disputent le partage d'une trouvaille, prétendant tous, chacun en leur propre, l'avoir aperçue le premier (1)! quand ils auront apprécié cette dernière réflexion, ils ne trouveront point trop sévère la tirade dont s'agit.

Et ce n'est point mon dernier mot.

En attendant, puisqu'il me reste de la place ici, je dirai à mes amis comme à mes ennemis, que la nouvelle tour de Babel, commencée par Luther et Calvin, continuée par la philosophie du xviiie siècle, et si vigoureusement poussée par les architectes corrupteurs du xixe siècle ne se terminera point encore cette fois : Dieu en fera la même justice que de la première ; ne voyons-nous pas les journalistes, les publicistes de toutes les couleurs, les écrivains de toutes les nuances et le télégraphe, qui ne se comprennent plus?.... Et n'est-ce pas le cas de dire ou jamais : Quand Dieu veut punir un peuple, il le frappe d'aveuglement?....

Pour qu'il soit possible à la multitude nationale, en France, de comprendre ce dont elle ne peut se passer sans gémir, il lui faut la vérité au grand jour! La vérité dégagée de cette terrible et épaisse fumée

---

(1) Il faut savoir qu'à l'époque où j'écrivais ces lignes, les journaux royalistes ne s'occupaient guère que de l'honneur d'avoir publié les premiers, je ne sais plus quoi d'inutile, au lieu d'éclaircir la vérité qu'ils n'osaient ou ne voulaient mettre sous les yeux de leurs lecteurs.

dé tourbe brûlante qui a su, pour mieux nous aveugler, se placer au devant des rayons du soleil de la justice et mettre à l'encan du journalisme la *religion* et ses *ministres*, la *raison* et la *morale* qui seules peuvent faire le bonheur des peuples. Ce qu'il y a de certain et ce qui met au défi mes contradicteurs, c'est que le gouvernement de Bonaparte ne l'eût pas permis, et sa volonté absolue aurait évité l'apparition d'un journal *inutile* pour combattre les sarcasmes impies constamment lancés par la presse immorale contre les ministres de la religion de l'Etat : Ce journal *inutile* s'intitulait *l'Ami du roi et de la religion!* Il défendait bien l'un et l'autre, m'écrivit un jour un notable ecclésiastique de Paris. Voyez ce qui est arrivé en 1830?... Il me dit pourtant, cet honorable prêtre, dans une lettre subséquente qu'il croyait bien que je perdais la tête *lors que je lui prédis ce que les glorieuses de juillet ont justifié.*

Le cher *Ami du roi et de la religion* n'était lu que par des prêtres, et encore par le petit nombre de ces messieurs qui me faisaient l'effet — (qu'on me passe cette expression) — d'un poisson dans une eau limpide qui est parvenu à cacher sa tête sous un coin de rocher et qui croit n'être aperçu de personne lors même que tout son corps est à découvert. Ainsi croyaient nos braves lecteurs du journal qui promettait sauver le *roi et la religion :* quand ils l'avaient lu, ils étaient tout aussi tranquilles que si l'univers entier l'eût connu, et soutenu. Il me semblait voir notre poisson qui se croyait caché en raison de ce qu'il ne voyait personne!!!

Néanmoins, espérons.

NOUVEAU
SUPPLÉMÉNT.

1839.

Oui, espérons en attendant les mystifications qui menacent nos hommes aux prétendues lumières du dix-neuvième siècle, lorsqu'ils ne rencontreront que des écueils pour briser tant d'espérance et d'orgueil vainement conçues; quelle humiliation pour cette fraction de la population française lorsque la multitude, par eux aveuglée, ouvrira les yeux, et qu'elle reconnaîtra les charlatans qui l'ont plongée dans les ténèbres de la philosophie du dix-huitième siècle, pour s'engraisser de ses sueurs et de son sang après avoir détruit tous les éléments qui, jadis venaient au secours du malheureux, quand la plupart des journalistes et publicistes de nos jours seront appréciés à leur juste valeur, et que tout le monde saura que c'est pour les avoir écoutés que tant de ruines et de misères pèsent sur la France!

Certains esprits toujours portés au mépris de ce qui s'est fait avant nous, me donneront peut-être pour des lumières la science mécanique que nous voyons chaque jour se développer avec une rare rapidité, et *que je suis loin de contester; d'abord j'attends* pour les juger, mais je crois que *l'éblouissant* et l'admirable de cette science serait mieux placé dans le domaine de l'industrie et des *arts, si*

l'on veut, que dans celui des lumières! et surtout
des lumières indispensables au gouvernement des
peuples, car, s'il en était autrement, avec un sol
aussi fécond et aussi bien cultivé que le nôtre, *et qui
pourrait l'être mieux encore si on le voulait;*
après une paix de vingt-cinq ans à l'intérieur, il n'y
aurait de malheureux en France que ceux qui n'auraient pas voulu se rendre heureux ; notre commerce brillerait partout, notamment depuis qu'il
aurait dû être avantagé par la conquête d'Alger!...
Dans ce pays de terres vierges, et sous un soleil
favorable à la végétation des denrées coloniales, avec
une bonne administration, les bras oisifs et souf-
frants en France seraient là, *vêtus du produit de
nos fabriques*, occupés et nourris comme ils ne le
sont pas, parce qu'on ne le veut pas.

Un malheur non moins grand que celui de la
présomption mécanique dont je viens de parler, et
que l'aveuglement de ce siècle dépravé met au nombre des lumières du jour : *c'est de faire fortune
promptement et à tout prix;* c'est l'égoïsme ré-
pandu dans la presque totalité des cœurs, et plus
encore chez les riches, en commençant par nos hommes d'état, que partout ailleurs. Et cet égoïsme
que nos ancêtres qualifiaient avec raison de barbarie, en raison de ce qu'il est au moral de la société
ce que serait à son physique une nourriture dans
laquelle il serait entré de l'arsenic en place de ce sel
salutaire et bienfaisant dont l'usage est connu partout : et cet égoïsme, dis-je, est dû au mépris que
les nouveaux riches font du pauvre, et complique
cette maladie chez les mondains ambitieux qui re-
grettent que leurs parents aient oublié de faire fortune aux dépens de la société renversée en 1793. De
là, les entreprises étourdies, les banqueroutes souvent combinées d'avance, et le discrédit qui anéantit

les ressources de cette multitude de jeunes gens qui ne savent que faire de leurs corps, et qui, par le néant de leur perspective, menacent la société d'un bouleversement général et inévitable si notre gouvernement continue d'obéir à l'Angleterre comme il le fait de toutes parts depuis dix ans, notamment en Algérie!.. Et notre ruine ne sauvera pas l'Angleterre qui a trompé toutes les nations de la terre! Sa décadence est inévitable ainsi que la nôtre, si nous nous obstinons à écouter les charlatans du dix-neuvième siècle. Alors! gare les mécaniques.

Quand la religion et la morale présidaient dans nos colléges comme dans toutes les maisons d'éducation plus ou moins élevées, les élèves en sortaient avec des sentiments qu'on ne rencontre plus actuellement chez personne que fort accidentellement :

L'athéisme n'empoisonnait pas le monde ;

Les fourbes étaient rares ;

La bonne foi régnait dans le commerce.

Nul n'était tant méprisé que les mauvais riches ; presque tous ces MM. étaient convaincus qu'ils devaient aide et protection aux pauvres qui arrosent la terre de leurs sueurs pour les nourrir et les servir!...Le pauvre à son tour bénissait le riche bienfaisant, il l'aimait, il lui était fidèle, et tout le monde pouvait dormir en paix!.. Mais malheureusement ce temps-là est passé ; toutes ces vertus ne sont actuellement connues que des gens qui se souviennent des douceurs du gouvernement paternel qui en donnait l'exemple ; d'un gouvernement qui s'occupait spécialement du bonheur des sujets commis à sa garde et à son administration ; d'un gouvernement qui ne calomniait ni ne faisait calomnier personne ; toutes nos lumières étaient employées au bonheur de notre société intérieure, et nous laissions aux états étrangers qui ont encore des peuplades de sauvages, le soin de les civiliser ! *à l'exception du sang que nos missionnaires catholiques versaient gratuitement où ils pouvaient pénétrer dans le but de faire de ces sauvages ce qu'ils firent de nous dans un temps reculé,* nous ne blâmions ni la Russie ni les Indes orientales et autres lieux d'avoir encore des esclaves ! nous savions que *nous l'avions été nous-mêmes avant que le Christianisme nous eût civilisés ,* et nous pensions qu'autant en arriverait un jour à ces malheureux qui sont actuellement l'objet de la critique des monarques qui refusent de se faire les esclaves de la superbe Albion et de toutes les dupes qu'elle fait depuis plusieurs siècles par son infâme propagande..

Si j'étais chargé de défendre la cause des rois attaqués par le soi-disant libéralisme à ce sujet, je demanderais à ces MM. nos philanthropes modernes ce qu'ils feraient de leurs sauvages ou esclaves s'ils étaient à la place des monarques qu'ils se plaisent à critiquer ?... Je voudrais savoir s'ils en feraient des conseillers d'état ou des régisseurs de fermes modèles? Non, ils en feraient ce qu'on en fait ailleurs , et peut-être pis encore ; l'abandon et le mépris qu'ils font de l'homme libre qui, par son travail leur fait rouler carrosse en est la preuve la plus incontestable. *Bonnes gens qui plaignez les Russes, plaignez-vous vous-mêmes, vous êtes plus esclaves qu'eux.*

En attendant le châtiment que le ciel réserve aux méchants qui nous ont démoralisés, je souhaite à mon pays un père au cœur d'Henri IV et de Louis XIII, au bras de Louis XIV, aux vœux de Louis XVI et au désir de Charles X ; un clergé qui ose, qui veuille et qui puisse sans exception travailler dans la vigne du Seigneur selon saint Vincent de Paul ; des ministres à la Sully, des chevaliers comme les Bayard, les Duguesclin, les Turenne et autres grands hommes des siècles passés; et des riches à l'humanité de la presque totalité de la noblesse de ces temps-là, des riches comme il en est resté pour l'exemple; comme il en reste au moins deux que j'ai l'honneur de connaître par leurs bienfaits, dont un demeure près Longueville, *Seine-Inférieure*, et l'autre à Paris, *rue du Cherche-Midi*, et que, je ne puis nommer ici, n'y étant pas autorisé. S'il arrivait que Dieu, dans son inépuisable miséricorde, en vînt à nous combler de tant de faveurs, nous aurions le plaisir de voir les mœurs, toutes erronées et dépravées qu'elles sont depuis l'exemple du régicide, se restaurer comme par enchantement, attendu que (qu'on me passe cette expression :) *l'enfant et le chien reconnaissent très-bien ceux qui leur font du bien !* Ainsi serait le pauvre et même la multitude après tant de déceptions de part et d'autre.

Lorsque, sous le règne de Louis XIII, saint *Vincent de Paul* commença cette carrière qui lui valut le juste titre de *héros-de l'humanité* que l'histoire lui a dédié, les mœurs étaient au moins toutes aussi dépravées qu'elles le sont de nos jours, et nul ne pouvait aviser au moyen de les restaurer ; Dieu seul vint au secours de la France par l'entremise du vénérable saint Vincent de Paul qui, inspiré par la toute-puissance divine, s'adressa au roi et aux personnes riches et titrées de ce temps-là, qui le mirent en position de faire comprendre aux malheureux toutes les douceurs que peut produire la religion catholique bien entendue et comprise en même temps *par le riche comme par le pauvre* (1).

---

(1) Saint Vincent de Paul fut un homme *choisi*, *fortifié* et *instruit* par Dieu même pour relever son église abattue par les schismes qui désolèrent et demoralisèrent presque l'Europe en-

En 1840 il y a un roi et des richards, tout comme sous le règne de Louis XIII, et il faut danser à Tivoli pour obtenir 5 ou 10 francs pour les pensionnaires de l'ancienne liste civile qui meurent de faim !!! Et tant d'autres pauvres diables qui ne font pas partie de cette liste, et qui sont pourtant dignes de compassion par leur infortune !... Ceux-là ne dansent ni au Tivoli ni aux Tuileries : ils attendent...? les uns un nouveau miracle, et les autres une occasion pour casser les vitres.

La vérité se doit au lecteur, sans flatterie et la voilà ; poursuivons :

Dans le *Moniteur des Villes et des Campagnes*, dirigé en 1832 et 1833 par M. Henrion, un plaisant a dit que la vertu devait renaître d'en bas ! Et moi je soutiens qu'elle ne peut revenir que d'en haut, ou jamais : on se moque du pauvre vertueux, et on

---

tière : il faut voir l'histoire de sa vie pour juger ses œuvres toutes remplies de la charité divine que le Christ répandit sur la terre, tant par lui que par ses apôtres ! Heureuse serait la postérité si toutes les familles s'avisaient d'avoir chez elles la vie de ce grand saint pour les édifier et les tenir fermes en garde contre cette trompeuse philosophie qui a démoralisé et de temps en temps ruiné l'Europe sociale :

C'est aux monarques catholiques et au saint siége à faire réimprimer la vie de ce saint homme décédé à Paris le 27 septembre 1660, âgé de 85 ans.

Cet ouvrage mis à la portée de tout le monde est ce qu'il y a de plus capable pour restaurer les mœurs, d'autant mieux qu'il ne peut être contesté par personne, attendu qu'il est consigné dans l'histoire de France où ledit saint Vincent de Paul y est qualifié de *héros de l'humanité!*

J'aimerais voir aussi toutes ces mêmes familles posséder chacune en leur particulier un livre puisé dans l'histoire impartiale, constatant toutes ou en partie des infamies dont le prince Louis-Philippe-Joseph d'Orléans surnommé *Egalité* s'est rendu coupable en conspirant contre le juste et trop bon Louis XVI, et de toutes les catastrophes qui en ont été le résultat.

Ces deux livres lus et observés de temps en temps ne permettraient pas d'oublier le bien que peut faire l'homme de Dieu, pas plus que le mal que peut faire un monstre vomi par l'enfer.

singe le riche , quelles que soient son inhumanité et
son immoralité.

QUI NOUS SAUVERA DONC !

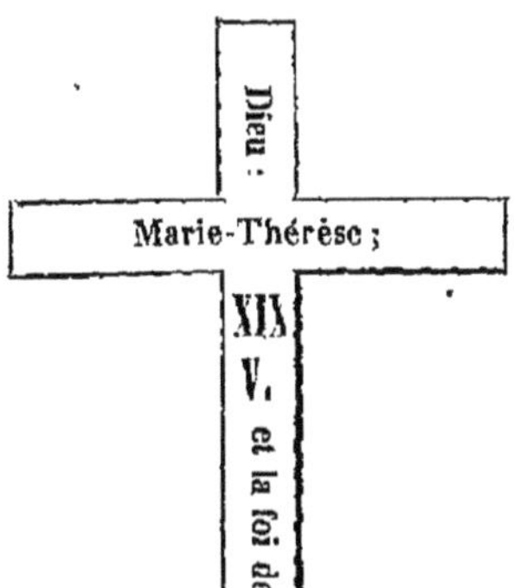

SOUVENEZ-VOUS-EN , LECTEURS ,
HORS CE SIGNE POINT DE SALUT
SUR TERRE ,
NI POUR LE RICHE NI POUR LE PAUVRE.

Et, si nous voulons rentrer dans l'ordre qui s'est
éteint avec la foi de nos pères heureux sous cette
bannière inspirée de Dieu , nous devons tous savoir
que, comme je l'ai précédemment dit en autres
termes : l'organisation sociale fut vicieuse jusqu'à
l'époque où le Christianisme vint l'éclairer de ses
célestes lumières ! nous devons savoir aussi, tous
tant que nous sommes , grands et petits , qu'avant
cette organisation primitive , toute la terre était
commune comme le soleil de Dieu qui la vivifie ; et
comme cela est encore actuellement dans presque
toute l'Afrique, chacun en avait ce qu'il pouvait ou

3.

voulait en cultiver, mais cet état de chose dut cesser à mesuré que la civilisation s'augmentait, soit que chacun soit resté propriétaire de la portion qu'il avait cultivée le premier, ou, qu'en certains lieux, les rois ou chefs de tribus en aient fait la division par seigneuries : il est de fait que ces divisions et subdivisions territoriales furent considérées comme propriétés particulières au bout d'un certain temps moyennant une redevance annuelle qu'on payait au roi ou au seigneur qui le représentait, à cela près néanmoins que, par une coutume *toute maternelle*, beaucoup de ces propriétés étaient restées inaliénables ! et, cette inaliénabilité semblait indiquer à tous, qu'elles leur étaient conservées communes pour les cultiver et les nourrir sous la direction d'un seigneur établi leur chef par le roi (car il faut partout un maître ou un ordonnateur), ou d'un prêtre de paroisse, ou enfin, d'une communauté religieuse auxquels les cultivateurs devaient payer un tribut comme on le paie actuellement d'une autre manière aux receveurs des deniers de l'Etat. En effet, ces messieurs, seigneurs ou ecclésiastiques, dignes par leurs lumières avancées en ces temps d'ignorance, dignes, dis je, du titre et de la mission qui leur fut dévolue par le roi inspiré du ciel, et probablement pour récompense de services rendus à l'Etat, connaissaient leurs devoirs ! Ils savaient que tant de fortune n'était qu'un dépôt sacré que Dieu leur avait confié pour l'administrer et en user comme premiers usufruitiers et en faire avec sagesse la part à tous les sujets du ressort de leur baronnie, proportionnellement à leurs besoins et à leur mérite. C'est ainsi que les productions de la terre vivifiée par le soleil qui luit pour tous, furent entendues, administrées et distribuées depuis le commencement du Christianisme jusqu'à ce que le déluge de cor-

ruption dont nous sommes inondés par la philosophie
moderne se soit donné la peine d'apporter ses réformes dans nos mœurs, sous prétexte de détruire les abus
qui n'existaient déjà plus, et qui n'avaient d'ailleurs
jamais existé que comme mesures nécessaires pour
en imposer par la crainte à cette partie de la population qui nourrissait encore quelques-uns de ces
germes de barbarie que le Christianisme n'avait pu
d'abord entièrement détruire, et qui a repris son essor,
comme on sait, en 1793 et 1830. Vous en souvenez-
vous, messieurs les libéraux, de vos exploits de ces
deux époques?.. Je vous fais grâce du détail des
crimes qui ont été commis par vos pères, sinon par
vous, sous *prétexte de détruire les abus* qui s'é-
teignaient à mesure que la civilisation se propageait :
plus généreux que vous, je conviens qu'il y a eu
oubli du devoir en beaucoup de localités, mais ces
abus, cet oubli du devoir, Dieu vous avait envoyé
le juste et trop bon Louis XVI pour les réformer, —
malheureux, et vous l'avez tué, — ce saint roi!!!
Oui, vous l'avez tué, ou tout au moins chanté le
ça ira avant et après la chute de son auguste tête.
Vous avez assassiné le plus vertueux des rois de la
terre; celui qui cherchait tous les moyens de vous
rendre libres et heureux; et, lorsque son œuvre fut
commencée, il fut interdit d'abord, et un peu plus
tard conduit au supplice; voyez ce qui vous en est
advenu (1)?... Les terres communes, dont il vient

(1) Le manuscrit de cette brochure était terminé lorsque nous apprî-
mes le discours prononcé par M. l'amiral Duperré dans l'éloge qu'il fit
aux obsèques de l'amiral Truguet; nous le rapportons ici parce
qu'il justifie tout ce que nous disons du roi martyr : « Marins, disait
» Louis XVI aux amiraux chargés du commandement des forces
» navales dans la Méditerranée en 1792, marins, n'abandonnez
» jamais vos vaisseaux, et défendez-les toujours au prix de votre
» sang contre les ennemis du dehors qui les convoitent et qui peut-
» être suscitent des troubles intérieurs pour s'en emparer plus faci-
» lement. La marine est étrangère aux discordes civiles, et son de-

d'être parlé, au lieu de vous être conservées ou ren-
dues, furent adjugées aux cannibales qui vous ont
trompés en chassant Dieu de son temple. Etonnez-
vous maintenant de tant de ruines et de misères (1)..

— Relisons les pages 7, 8, 9, 10 et 11 de cet ouvrage, et n'oublions pas que le temps et l'atmo-
sphère politique sont gros d'événements qui finiront

» voir est de défendre les *ports*, les *arsenaux*, les *côtes*, et le *com-
» merce* contre tout ennemi extérieur. »

Louis XVI était alors accusé de trahir sa patrie; ses accusateurs
se disaient patriotes en livrant notre marine aux Anglais qui la con-
voitaient et qui, en ce temps là, suscitaient les troubles que nous
n'avons encore pu éclaircir parmi nous, pas même depuis 1830!

Qu'on juge maintenant les traîtres, je suis sûr que parmi eux on
ne trouvera pas le nom de Louis XVI.

(1) Dans l'intérêt de la vérité, je dois dire ici en passant ce que
je sais relativement aux corvées dues au seigneur de mon pays par les
sujets de sa baronie, et contre lesquelles on a tant crié.

Extrait d'un terrier manuscrit sur parchemin trouvé dans les archi-
ves du prince de Montbéliard qui fut seigneur de Rougemont (Doubs)
jusqu'en l'année 1816.

« Ceux ayant charrue, char et chevaux étaient obligés de labou-
rer le champ du seigneur et pour cela venir tous ensemble le jour
indiqué par lui ou par son représentant.

» Ceux ayant char et chevaux devaient charrier le foin de son
Grand-Pré nommé le Breuil qui touchait au bourg du dit Rougemont. Et ceux n'ayant pas char et chevaux devaient faucher et foiner
ce même pré : ils devaient aussi cultiver sa vigne de champauté. »

COMPENSATION.

D'abord ces jours de réunion soit au champ soit au pré ou à la
vigne du seigneur étaient une fête pour ceux qui s'y trouvaient ·
ils étaient bien nourris.

Puis il nous était permis de ramasser tout le bois mort qui se
trouvait dans ses forêts et d'en extraire le mort bois pour échala-
der nos vignes et lier nos gerbes : une partie de ces forêts était
tour à tour livrée au pâturage de notre bétail qui s'y nourrissait
depuis la sortie de l'hiver jusqu'à la fauchaison des prairies ; alors
le pré du seigneur, comme d'autres encore, servait de pâture au
bœuf du laboureur et à la vache du vigneron, jusqu'à l'entrée de
l'hiver.

Plus de corvées, plus de compensations !.. Qui est-ce qui perd à
ce nouveau temps? le paysan : oui, le paysan, l'artisan, le vieillard, la veuve et l'orphelin que soulageaient les anciens riches
accoutumés à faire le bien comme les nouveaux à faire le mal sans
compensation.

par donner raison à la raison , car pour peu qu'on
se donne la peine d'ouvrir les yeux et de réfléchir, le
plus aveugle de tous les aveugles saura qu'un peuple
quel qu'il soit , ne se révolte jamais contre son roi ,
sans se suicider moralement et se charger des fers de
la tyrannie des ambitieux qui toujours s'enrichissent
de sa ruine sans pitié pour la misère de leurs dupes.

Avant que de parler de nous sur ce point, voyons
un peu ce qui se passe en Angleterre depuis l'assassinat de son roi légitime?... En prêtant ses bras aux
ambitieux qui voulaient et qui ont arraché le pouvoir royal à leur profit, le peuple anglais a-t-il fait
autre chose que de se charger, sinon de fers , au
moins de misère et d'esclavage ? Quelle autre liberté
a gagné ce peuple, que celle de travailler pour payer
l'intérêt de la dette publique et manger des pommes
de terre pour toute nourriture ? Est-il possible à un
homme du peuple, en ce pays, de se donner la plus
légère des douceurs acquises à l'homme travailleur ,
selon Dieu , sans subir la loi du riche qui frappe
d'un impôt extraordinaire tout ce qui n'est pas
pomme de terre, et sans lequel le trésor public ne
viendrait pas à bout de payer l'intérêt de ce qui est
dû aux créanciers de l'Etat inscrits sur le grand-livre?
Quels sont ces créanciers ?.. Ce sont les lords qui, en
se faisant rois, et en s'adjugeant les bénéfices de dé-
couvertes dites nationales, ont eu soin de faire *na-
tionalement* inscrire sur le grand-livre les frais de
conquêtes auxquelles le peuple n'a jamais participé;
si ce n'est en payant l'intérêt de la dette dont il vient
d'être parlé, — et qu'il ne peut éviter qu'en allant
nu-pieds, nu-tête, nu de pied en cap, si cela lui était
permis, en se passant de pain et de viande, et en ne
buvant que de l'eau de la Tamise (1). Voilà ce que

---

(1) Cette calamité ne nous envahit pas trop mal en France !
Pour nous en assurer, il ne nous faut que consulter le grand livre sur

le peuple a gagné en Angleterre, en se révoltant contre la famille des Stuarts — pour embrasser Calvin.

On assure pourtant que le peuple est libre en Angleterre?... — Oui, il est libre de travailler pour végéter et souffrir — ou de mourir de faim, — depuis qu'il s'est fait une idole de Calvin.

En France, on dit que nous sommes plus heureux, néanmoins on ne peut s'empêcher de voir que depuis les glorieuses, nous avons perdu gros de nos libertés, car nous avons cela de moins que nos voisins d'outre-mer qui sont libres de travailler pour la moitié de ce qu'il leur faut pour vivre, tandis que chez nous, nous ne sommes pas libres — *même de travailler pour rien, faute d'ouvrage,* mais en revanche, nous sommes forcés de nous ruiner s'il nous reste encore quelques débris patrimoniaux ; dans le cas contraire, notre perspective est *la mort!* suite de *faim, de froid et à la belle étoile,* faute d'activité dans les ateliers qui occupaient nos bras avant les nouvelles bastilles qui sont là pour nous recevoir lorsque nous nous plaignons trop fort que nous avons faim et froid.

Voilà, bonnes gens, voilà le résultat de la révolte contre la raison, et il me semble qu'après tant de mécompte et de déchet dans notre bonheur, dans notre prospérité, — *serions-nous du nombre de*

---

lequel nous trouverons sept milliards de dettes contractées pour le compte de l'État, et de laquelle nous payons tous sans exception l'intérêt depuis qu'on les a contractées pour consolider la vente des biens de l'église et de la noblesse au profit de gens auxquels ils furent adjugés pour un peu de papier sans valeur. Et ces gens là ne sont qu'au nombre de deux sur mille ! Donc neuf cent quatre-vingt-dix-huit se ruinent encore tous les jours pour tenir riches ces deux qui les éclaboussent chaque fois qu'ils se donnent la douceur de sortir dans la rue ! A ce compte, qu'a gagné le peuple français par l'assassinat de son roi, par la ruine des châteaux, des monastères et des presbytères? .. Comme en Angleterre ; misère sur misère.

MM. les banquiers de la grande semaine, de ces messieurs qui abreuvèrent si bien leurs dupes pendant trois jours, *après dix années de déception* comme celles dont nous sommes tous les témoins et les victimes; il me semble , dis-je , que nous devons croire et dire avec l'auteur de ces bons mots :

La raison doit avoir raison, attendu que la malveillance aura beau critiquer nos anciens rois , leurs œuvres ne sont point encore détruites, l'histoire est là qui atteste leur grandeur d'âme et l'usage qu'ils en ont fait : toutes leurs démarches ont été profitables à la France ! ils nous ont conservé toutes leurs conquêtes, et toutes les bornes qu'ils ont plantées autour du royaume de saint Louis sont restées intactes, moins Landau que vous avez perdu à votre retour de Moscou, malheureux ! Arrière donc les tapageurs qui ont abusé de la valeur française et du sang de ses soldats pour envahir l'Europe et se gorger de richesses pendant que ceux qui avaient donné le jour et élevé tant de braves arrosaient de larmes le champ qu'ils cultivaient pour avoir du pain.

Où sont vos conquêtes, MM. les envahisseurs, qui vouliez en 1830 dicter des lois à l'univers entier ? Qu'avez-vous fait depuis dix ans, autre que des gros budgets et de la misère ? vous qui vouliez aller à Saint Pétersbourg, afin de reprendre à Nicolas... le morceau de bronze que son frère Alexandre fit descendre de dessus la colonne en 1814; vous qui, par crainte de déplaire à l'Angleterre, n'avez pas encore osé vaincre un Abd-el-Kader, qui se moque de vous avec une poignée d'Arabes ! ! !

L'on a reproché à la restauration une multitude de fautes qui n'ont jamais existé que dans les discours de la malveillance révolutionnaire : il n'a été commis qu'une seule faute , selon moi, et de celle-là , les agents provocateurs de la révolution n'en disent mot, attendu que c'est elle, cette faute, qui leur a tenu la porte ouverte aux deux battants pour leur comédie de quinze ans, et qui leur a forgé les armes dont ils se sont servis pour faire descendre Charles X de son trône : cette faute a été, je pense, un crime involontaire de la part de Louis XVIII qui eut la bonhomie de croire aux protestations de bonne foi que Talleyrand et Cᵉ lui prodiguèrent en 1814 et 1815. Ce crime ! fut la charte octroyée !!! Tous les éléments d'une prospérité sans borne existaient dans la volonté de ce monarque, pour la France ; et ces éléments, il aurait dû les mettre à profit pour toutes les classes de la société ; c'était un trésor qu'il devait distribuer lui-même plutôt que de le placer, par une charte qui enchaînait la prérogative royale, entre les mains de gens qui, d'après leurs antécédents, étaient indignes de la confiance d'un peuple qu'ils écorchent en l'aveuglant depuis plus de cinquante ans par leur charlatanisme ambitieux ; voyez l'opulence de ces charlatans, et regardez vos misères, — pauvres dupes ?

Oui, ouvrez les yeux encore une fois, et vous verrez si ce ne sont pas eux qui ont violé cette charte de laquelle ils s'appuyaient pour renverser le trône qu'ils avaient juré de défendre ?... Je ne saurais mieux faire, pour expliquer leur inique spectacle, que de donner à mes lecteurs un extrait de la brochure que je publiai en 1835 sous ce titre : *Au rebours de l'Époque.*

« Nul n'ignore l'épouvantail mis en œuvre par les meneurs révolutionnaires de la comédie de quinze ans : c'était les jésuites qui devaient envahir le pouvoir ! c'était la noblesse qui devait reprendre les priviléges que le *bon Louis XVI avait abolis* en faveur de son peuple! Et pourtant, il reste clair comme le jour que Charles X n'avait aucune des intentions que lui prêtait la malveillance ; il l'a prouvé d'abord par son ordonnance qui supprima les jésuites; et cette ordonnance fut une faute que ses ennemis ne lui reprochent pas, parce qu'elle leur *aplanit alors* la route qui devait les faire arriver au trône qu'ils voulaient abattre!... Voyez, lecteurs, voyez le beau compte que lui tinrent ses ennemis de cette concession!

» Louis XV aussi expulsa les jésuites par son ordonnance de 1764, parce que les philosophes de cette époque lui persuadèrent que cet ordre religieux devait un jour renverser l'autel et le trône! Vingt-cinq ans après cette expulsion, l'autel et le trône chancelaient, et, deux ans plus tard, le 20 janvier 1793, je cherchais les jésuites qui devaient abattre ces deux édifices sacrés : et je trouvais le duc d'Orléans-*Égalité*, qui votait la mort du vertueux et infortuné Louis XVI!!! En voilà-t-il de la perfidie!

» Revenant au fantôme de priviléges en faveur de la noblesse dont on a épouvanté les masses populaires pendant toute la durée de la restauration : la conduite de la plupart de cette classe élevée de la société, *depuis juillet* 1830, n'a cessé de témoigner en faveur de Charles X . Il faut être de force à nier *qu'il fait jour en plein midi*, par un beau jour de soleil, pour ne pas convenir que, si la noblesse attendait quelques faveurs de son roi exilé, elle le réclamerait au lieu de le *répudier*, comme elle le fait par ses organes, qui se nomment *fort mal à propos*, selon moi, les journaux *légitimistes!* Qu'en dites-vous, lecteurs?

» Reste maintenant à prouver que Charles X était dans son droit en rendant les ordonnances du 25 juillet, et que nul n'est contrevenu à la charte *octroyée* que les 221 députés qui se permirent d'arracher au roi la prérogative stipulée dans cette même

charte qui lui assurait le droit absolu du choix de
ses ministres.

» Il est au moins incontestable que le but des 221
était de renverser le ministère, et il le pouvait sans
détruire la charte; puisqu'ils étaient en majorité à
la chambre, il ne leur fallait qu'attendre les ministres
avec leurs propositions, bonnes ou mauvaises, justes
ou injustes, et les rejeter par leur vote; je ne pré-
tends pas dire qu'ils auraient eu raison en agissant
ainsi, mais ils auraient forcé le ministère à se retirer
tout en restant dans leur droit, *en apparence*.....
sinon en réalité. Je suis bien persuadé que bon
nombre de ces messieurs n'en voulaient qu'au ministère, et que si tous avaient prévu où l'adresse au
roi devait les conduire, ils ne l'eussent pas votée (1).
Mais si beaucoup ignoraient le but de cette adresse,
les *meneurs*, les *anglaisés*, ceux qui caricaturaient
nos soldats et qui faisaient des vœux pour la perte
de notre armée d'Afrique, au moment où elle était
occupée de la conquête d'Alger, ceux là, dis-je,
n'ignoraient pas où ils allaient en violant la charte;
ils s'attendaient bien qu'il en résulterait quelque
chose pis que la retraite du ministère!

» La charte ainsi violée par les 221, le roi était
désormais autorisé à n'en plus tenir aucun compte à
la chambre qui venait de franchir la ligne qu'elle
devait strictement observer. Le roi, néanmoins, ne
cessa pas pour cela de se renfermer dans le cercle
du droit qui lui était réservé par cette charte, brisée
par le vote de la majorité de la chambre; et, rélé-
gué dans ce cercle, il rendit les ordonnances qui le
firent traiter de parjure, et que, comme le fera tout

---

(1) Cette bévue ne prouverait pas en faveur du système représenta-
tif; car, à voir des législateurs choisis par les notabilités du royaume,
et parmi les notabilités les plus accréditées, c'est une honte, ce me
semble, que d'avoir des législateurs qui ne sachent pas apprécier
ce qu'ils font ; cela est en vérité indigne d'un siècle de lumière...

homme qui ne s'obstinera pas à soutenir que deux
et deux font cinq, Lafayette a déclarées conformes
à la constitution. Voici les expressions du vieux général au lit de mort, telles qu'elles sont rapportées
dans un ouvrage de M. Armand Marrast, du mois
de juin 1834 : « L'art. 14 *de la charte* réservait for-
» mellement la *souveraineté* à la personne royale,
» *toutes les fois* qu'il s'agissait de la sûreté de l'état,
» et il laissait le roi seul juge des circonstances dans
» lesquelles il *devait* revendiquer *sa dictature*. Ce
» droit, ajouta Lafayette, était encore bien mieux
» écrit dans le préambule de la charte, et *la faculté*
» *de retirer* ou de modifier la constitution *revenait*
» de droit et naturellement à *celui* qui l'avait oc-
» troyée. »

» Voici venir aussi le *Moniteur du Commerce ;*
s'adressant à la faction à la tête de laquelle se
trouvent la *Gazette* et la *Quotidienne,* dans un de
ses numéros du commencement de février, ce journal ministériel leur dit : « Ce n'est pas Charles X
» que la France repousse, c'est l'ancien régime. S'il
» y a des hommes que la France repousse, c'est
» vous, intrigants, qui ne manqueriez pas de reve-
» nir avec le petit-fils, après avoir perdu et trahi
» l'aïeul, etc.»

» Quoique ce journal soit loin d'être de notre
avis relativement aux ordonnances et au fantôme de
priviléges dont il cherche encore à épouvanter les
masses, l'aveu qu'il fait de la pureté d'âme de
Charles X est bon à recueillir; cette assertion justifie tout ce que nous disons de la conscience du bon
vieux roi non-seulement, mais elle prouve, en outre,
que les journaux dits *légitimistes* trompent leurs
lecteurs en les persuadant que la révolution transi-
gerait plutôt avec M. le duc de Bordeaux qu'avec
Charles X. Ceux-là seulement qui étaient intéressés ,

à provoquer les abdications de Rambouillet, et à qui les républicains firent manquer le but en nous dotant de la meilleure des républiques, ceux-là, je pense, ne demanderaient pas mieux que de transiger avec MM. les légitimistes; mais ils sont trop bien connus actuellement, ceux-là, pour qu'il arrive jamais à la famille royale, séjournant à Prague, de jouer désormais la vie d'aucun de ses enfants : en voilà bien assez de sacrifiés.

» Et d'ailleurs, cette illustre famille a trop d'expérience aujourd'hui pour ignorer qu'une transaction telle qu'on cherche à l'obtenir d'elle, n'importe à quelle considération que ce soit, tracerait un exemple à la postérité, qui, tôt ou tard, plongerait la France dans une guerre civile semblable à celle que nous avons présentement la douleur de voir dévorer l'Espagne. Ce qui se passe dans la Péninsule est trop palpable pour que les esprits les plus simples ne sachent pas apprécier le danger qu'il y a toujours pour les peuples d'intervertir le moins du monde le droit du souverain qui doit régner. Le doute le plus léger, la transaction la mieux fondée, *si toutefois il pouvait y en avoir de fondées* pour cause de convenance personnelle, peuvent plonger un peuple dans les catastrophes les plus épouvantables. La sécurité des peuples, n'ayant de garantie que sur une incontestabilité absolue du droit hiérarchique de l'hérédité au trône, sans qu'il soit permis à aucune puissance humaine d'y déroger le moins du monde, me fait un devoir de dire que nous devons bien nous garder d'y toucher en rien, car il ne manquera pas plus d'ambitions et de considérants à l'avenir qu'il n'en manque depuis cinquante ans. Non, l'illustre famille royale dont il est ici question, ne consentira jamais à donner à la France un exemple d'un aussi funeste augure : exemple qui serait pour elle une tache dans la page que l'histoire lui prépare, et c'est ce qu'elle ne veut pas, soyez-en sûrs! »

Aujourd'hui 1er janvier 1840 : en *franc*, *loyal* et *zélé* patriote, je souhaite la bonne année à la France mon pays; pour *toujours* union, honneur et gloire, et toute la prospérité qu'elle a perdue depuis dix années; la conservation et la colonisation perpétuelle de l'Algérie, etc., etc. Et cela dans l'intérêt, bien entendu, de son commerce et de son industrie.

Pour qu'il nous arrive tout le bien que je désire pour la France obsédée de *Satan*, il lui faut le remède que je désire lui indiquer dans une brochure qui paraîtra prochainement pour faire suite à tout ce qui précède.

— ATTENDONS L'HEURE DE DIEU. —

P. S. Faute de finances cette édition n'a pu être imprimée qu'après que l'Angleterre a eu fait volteface à la quadruple alliance pour conclure son traité du 15 juillet avec les puissances du nord : ce retard nous met à même de dire avec *Montjoie* que, cette fois encore, l'Angleterre *n'a cessé de favoriser la révolution que lorsqu'elle a vu l'abîme se réentr'ouvrir sous tous les trônes de l'univers.* Ce nouveau machiavélisme semble lui rendre la vie, mais cela ne rétablira pas plus ses finances que la confiance qu'elle a perdue chez ses nouveaux alliés aussi bien que celle de la France quelque soit désormais son gouvernement : *ainsi le* veulent la saine *logique* et la justice divine.

ENCORE UN PETIT *MEMENTO*.

Il y eut *jadis* une bastille dans Paris, que l'expérience et la prudence de nos anciens rois firent élever par mesure de précautions contre les criminels projets des conspirateurs : c'était une prison d'état que le peuple ne devait ni ne pouvait craindre.

Il faudrait être bien borné en politique pour ne pas voir qu'en déclarant ne vouloir jamais *délivrer de lettres de cachet*, le trop généreux Louis XVI prononçait son arrêt de mort!!! Le prince *Égalité* n'ayant plus à redouter cette sévérité de la part de son roi, se mit à conspirer ouvertement contre le trône qu'il convoitait, et la Bastille fut démolie aux cris de vive la liberté, puis ensuite le plus juste, le plus humain et le plus saint des rois fut embastillé au Temple avec toute son auguste famille, puis enfin il mourut sur l'échafaud au son *des tambours* de cette liberté métamorphosée en un déluge de larmes, de crimes et de sang!!!!!

Pauvre peuple! qu'as-tu vu à la suite de ce déluge infernal?.... Auras-tu donc toujours des yeux pour ne point voir?... Tu ne saurais plus voir cette Bastille qui portait ombrage au prince *Louis-Philippe-Joseph*, mais tu peux voir à sa place une colonne de bronze élevée en honneur de cette liberté que tu as vainement cru avoir gagnée. Puis on t'embastille aujourd'hui pour te faire voir que la Bastille n'est plus dans Paris ; que c'est toi, *excellent et trop crédule* peuple parisien avec *ta bonne ville et ta colonne de liberté* qui allez être embastillés. Quant à moi, je fais des vœux pour qu'il en soit autrement : je suis ici avec le journal *la France* : je voudrais que l'argent destiné à fortifier Paris, fût employé à réparer les désastres causés par les inondations du Rhône, de la Saône etc. ; de cette manière, les fonds et les bras seraient infiniment mieux employés qu'on ne se l'était proposé d'abord.

Imprimé par Béthune et Plon, à Paris.